YSGLYFAETHWYR

Jillian Powell

Addasiad Lynwen Rees Jones

Cyhoeddwyd dan nawdd
Cynllun Adnoddau Addysgu a Dysgu CBAC

Y fersiwn Saesneg:
Download: Predators

Rising Stars UK Ltd, 22 Grafton Street, Llundain W1S 4EX
Cyhoeddwyd gan Gill Budgell 2007
Testun © Rising Stars UK Ltd.
Ymgynghorydd technegol: Mandy Holloway (NHM)

Y fersiwn Cymraeg hwn:
© Prifysgol Aberystwyth, 2010 ℗

Cyhoeddwyd gan CAA, Prifysgol Aberystwyth,
Plas Gogerddan, Aberystwyth, SY23 3EB
(www.caa.aber.ac.uk).

Noddwyd gan Lywodraeth Cynulliad Cymru.

Cyhoeddwyd dan nawdd Cynllun Adnoddau Addysgu a Dysgu
CBAC.

Cyfieithydd/Golygydd: Lynwen Rees Jones
Dylunydd: Richard Huw Pritchard
Argraffwyr: Argraffwyr Cambria

Diolch i Eirian Jones ac Angharad Walpole am eu cymorth
wrth brawfddarllen.

Diolch hefyd i Ruth Davies, Siân Powys a Meinir Rees am eu
harweiniad gwerthfawr.

Darluniau: Chris King: tt 14-15, 24-25, 36-39
Ffotograffau: Alamy: tt 4-5, 6, 7, 8, 9, 11, 13, 16, 17 18-19,
20, 22, 23, 26, 27, 28, 30, 31, 32-33, 34, 35, 40, 41, 43;
Corbis: tt 6, 10, 12, 21, 23, 29, 42; Kobal: t 33.

Ymchwil ffotograffau gan Zooid Pictures Ltd.

ISBN: 978-1-84521-348-0

Cynnwys

Helwyr

Ysglyfaethwyr ydy anifeiliaid sy'n bwyta anifeiliaid eraill.

Mae ysglyfaethwyr yn yr awyr, ar y tir ac yn y môr.

Mae rhai yn gallu hela'n dda.
Mae rhai eraill yn cuddio cyn ymosod.

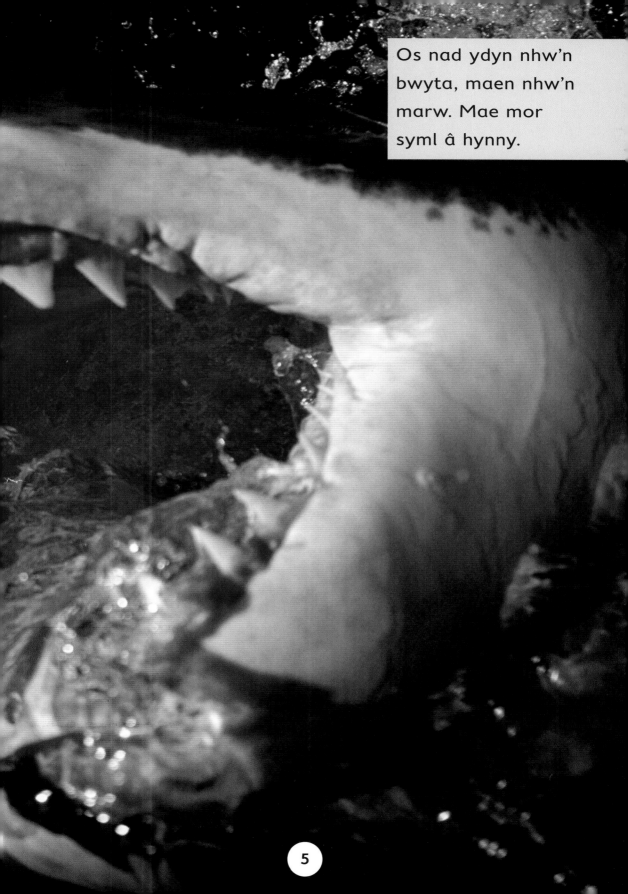

Os nad ydyn nhw'n bwyta, maen nhw'n marw. Mae mor syml â hynny.

Peiriannau lladd

Mae pob rhan o gorff ysglyfaethwr yn ei helpu i ladd.

Llygaid craff

Mae'r rhain yn helpu ysglyfaethwyr i weld yr ysglyfaeth cyn i'r ysglyfaeth eu gweld nhw.

Mae llygaid eryr yn gallu gweld bedair gwaith yn bellach na llygaid person.

Genau (*jaws*) cryf

Mae'r rhain yn helpu ysglyfaethwyr i afael yn yr ysglyfaeth a'i dal yn dynn.

Yr hiena brith sydd gyda'r genau cryfaf o bob anifail sy'n bwyta cig. Mae'n gallu cnoi trwy asgwrn hyd yn oed.

Dannedd miniog

Mae dannedd miniog yn gallu sleisio trwy groen a chig.

Coesau cryf

Mae ysglyfaethwyr sy'n hela wedi eu creu i fod yn gyflym.

Mae llewpart hela yn gallu mynd o 0 i 50 mya mewn tair eiliad!

Crafangau ac ewinedd miniog

Mae crafangau ac ewinedd miniog yn cydio mewn ysglyfaeth ac yn ei dal yn dynn.

Triciau

Mae gan rai ysglyfaethwyr driciau i ddal eu hysglyfaeth. Maen nhw'n defnyddio cemegion neu wenwyn!

Cathod mawr

Mae cathod mawr yn hela anifeiliaid mawr.
Maen nhw'n dilyn yr anifail, yn cuddio cyn rhedeg ar ei ôl, ac yna'n neidio arno i'w ladd.

corff cryf

golwg craff: chwe gwaith yn well na golwg person yn y tywyllwch

côt guddliw

dannedd miniog

Teigr

Y teigr ydy'r gath fwyaf.

Mae teigr yn gallu tyfu hyd at 4 metr o hyd, a phwyso hyd at 350 cilogram. Mae'n gallu tynnu carw ac ych gwyllt (*bison*) i'r llawr.

Llew

Mae cathod mawr yn hela ar eu pennau eu hunain fel arfer, ond mae llewod yn hela mewn grwpiau ac yn rhannu'r cig.

Dim ond un anifail maen nhw'n llwyddo i'w ddal allan o bob chwech. Felly, mae llewod yn mynd am ysglyfaeth fawr fel gnwod (*wildebeest*) a sebras.

Llewpart hela

Y llewpart hela (*cheetah*) ydy'r anifail cyflymaf ar dir sych. Mae'n gallu rhedeg 70 mya.

Mae llewpart hela yn dal yn dynn yn ei **ysglyfaeth** gyda'i ewinedd. Mae'n taro'r anifail i'r llawr ac yn ei ladd trwy gnoi ei wddf.

Ar ôl codi sbîd, mae cam y llewpart hela yn 7 metr o hyd.

Mae ei bedwar troed yn yr awyr am hyd at hanner yr amser!

Jagwar

Mae gan y jagwar geg gryf iawn. Dim ond unwaith y mae'n rhaid iddo gnoi i ladd.

Mae'n gallu dringo coed i ddal mwncïod.

Mae'n gallu tynnu pysgod allan o'r dŵr hyd yn oed.

Llewpart

Weithiau mae'r llewpart yn tynnu'r anifail marw i fyny coeden rhag ofn i anifail arall ei weld.

Ffeithiau!

Mae llewpart yr eira yn gallu neidio deg gwaith hyd ei gorff. Mae'n gallu dal ysglyfaeth sydd dair gwaith ei faint.

Eirth

Arth wen

Yr arth wen ydy'r **ysglyfaethwr** mwyaf ar y tir. Mae'n wych am hela. Mae'n bwyta adar y môr, morfilod, morloi a walrysau.

Mae arth wen yn gallu arogli ei **hysglyfaeth** dros 60 cilometr i ffwrdd.

Mae'n torri'r iâ ac yn tynnu'r ysglyfaeth allan gyda'i chrafangau cryf.

Ffeithiau!

Uchder: hyd at 2.6 metr.

Pwysau: hyd at 410 cilogram.

Maen nhw'n gallu bwyta 45 cilogram o fraster morlo mewn un pryd.

Arth frown

Mae'r arth frown yn dechrau hela drwy arogli'r aer.

Mae'n cerdded o amgylch ei hysglyfaeth ac yna'n neidio. Mae'n gallu bwrw elc a charibŵ i'r llawr.

Mae'r arth frown yn bysgotwr da hefyd. Mae'n dal y pysgod gyda'i dannedd neu ei chrafangau.

Ffeithiau!

Mae'r arth frown yn gallu tyfu mor dal â 2 fetr o daldra a phwyso hyd at 300 cilogram.

Neidr yn yr ysgol
(Rhan un)

Roedd hi'n ddiwrnod 'Dewch ag Anifail i'r Ysgol'. Roedd yr ysgol yn codi arian at elusen.

Roedd rhaid i'r disgyblion siarad am eu hanifeiliaid. Byddai'r anifail anwes mwyaf poblogaidd yn ennill gwobr.

Darllenodd Gwion a Dylan y rheolau.

"Mae'n dweud bod rhaid i gŵn fod ar dennyn," meddai Dylan. "A rhaid cadw anifeiliaid cawell mewn cawell."

"Mae hynny'n iawn felly," meddai Gwion. "Alla i ddod â Nanw!"

"Wyt ti'n gall?" dywedodd Dylan. "Dwyt ti ddim yn gallu dod â neidr! Byddi di'n codi ofn ar bawb!"

"Yn union!" meddai Gwion. "Dwi ddim yn gallu aros i weld yr olwg ar wyneb Catrin! Dyna ddysgu gwers iddi am wrthod dod i'r parti gyda fi. A dwi eisiau i Nanw gwrdd â Tomos Mason. Fe ddangosa i iddo fe am ddwyn fy lle yn y tîm pêl-droed!"

Parhad ar dudalen 24

Hela mewn paciau

Mae'r hiena, y blaidd a'r ci gwyllt yn hela mewn **pac**.

Hiena

Mae'r hiena yn hela yn ystod y nos yn bennaf. Mae'n udo wrth hela gyda'r pac.

Mae'n dilyn ei ysglyfaeth trwy edrych, gwrando ac arogli.

Mae hiena yn bwyta pob darn o'r anifail, hyd yn oed y dannedd a'r esgyrn.

Blaidd

Mae'r blaidd yn bwyta darnau gorau'r anifail yn gyntaf. Mae'n cuddio'r gweddill yn yr eira neu'r iâ.

Mae hyn yn ei gadw'n ffres.

Neidr

Mae rhai nadroedd yn lladd eu **hysglyfaeth** gyda gwenwyn.

Maen nhw'n cnoi'r ysglyfaeth gyda dannedd arbennig.

Mae'r dannedd yn chwistrellu gwenwyn.

Mae nadroedd eraill yn troi a throi o amgylch eu hysglyfaeth ac yn ei gwasgu.

Ffaith!

Mae neidr yn gallu hela yn y tywyllwch. Mae'n defnyddio **pantiau** yn ei phen i synhwyro gwres o'i hysglyfaeth.

Mae nadroedd yn llyncu eu hysglyfaeth yn gyfan, drwy ymestyn eu ceg, croen a stumog.

Maen nhw'n gallu cymryd oriau i lyncu pryd o fwyd.

Mae'r peithon a'r boa yn bwyta anifeiliaid mor fawr â gafr a charw.

Ffaith!

Mae gwenwyn y march-gobra (*king cobra*) yn lladd. Dim ond unwaith y mae'n rhaid iddo gnoi eliffant i'w ladd.

Y crocodeil

Mae'r crocodeil yn cuddio ac yn aros. Yna mae'n neidio allan o'r dŵr ac yn dal ei **ysglyfaeth**.

Mae'n ddigon cryf i dynnu sebra i'r dŵr. Mae'n rholio'r ysglyfaeth drosodd nes iddi foddi.

Weithiau mae grwpiau yn rhannu'r bwyd.

Mae crocodeil yn gallu tyfu hyd at 6 metr.

Mae gan y crocodeil dros 60 dant mawr, siâp côn.

Mae genau crocodeil yn gallu gwasgu esgyrn gyda grym dros 1325 cilogram y centimetr sgwâr.

Ffaith!

Gwylia: ar dir sych, mae crocodeil yn gallu rhedeg 10 mya – mor gyflym â pherson!

Y corryn

Mae'r corryn yn cuddio i ymosod ar ei ysglyfaeth neu'n ei hela.

Mae rhai yn chwistrellu gwenwyn i'r ysglyfaeth. Mae eraill yn dal yr ysglyfaeth mewn gwe.

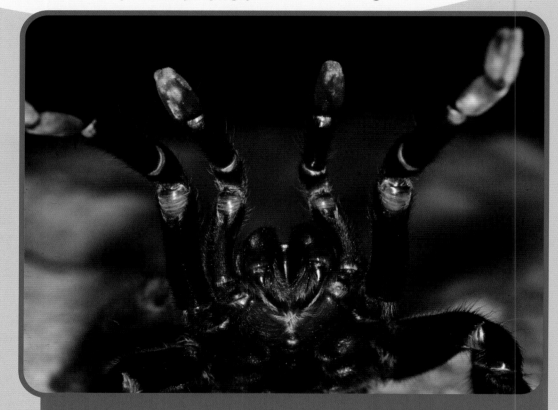

Mae tarantwla yn cuddio ac yn neidio ar ei ysglyfaeth. Mae'n codi i fyny ac yn cnoi gyda'i ddannedd arbennig. Mae'n chwistrellu gwenwyn a chemegion sy'n troi'r ysglyfaeth yn hylif. Yna mae'n ei sugno fel cawl! Mae rhai yn bwyta adar, llygod, brogaod a madfallod (*lizards*).

Mae corynnod yn defnyddio sawl math o we.

gwe pelen

gwe twndis

Ffaith!

Mae sidan corryn yn gryfach na Kevlar – y defnydd sy'n gwneud dillad gwrth-fwled.

Mae ambell we dros 2 fetr o led. Maen nhw'n ddigon cryf i ddal adar neu ystlumod.

Neidr yn yr ysgol
(Rhan dau)

Roedd y dosbarth yn llawn cyffro. Roedd y plant wedi dod â'u bochdewion a'u cwningod i'r ysgol. Roedd Bob, ci Catrin yno, gyda rhuban ar ei ben.

Roedd Gwion yn dal sach fawr.

"Beth sydd yn y sach?" gofynnodd Tomos Mason.

Agorodd Gwion y sach. Daeth pen Nanw allan. Yna dechreuodd ei chorff hir lithro ar draws yr ystafell.

Dechreuodd pawb sgrechian. Neidiodd Tomos yn ôl mewn braw.

"N … neidr?" gofynnodd yn ofnus. "Ydy hi'n … wenwynig? Pam mae hi'n gwthio'i thafod allan fel yna?"

"Mae hi eisiau gwybod beth sydd o'i chwmpas!" gwenodd Gwion. "A nac ydy, dydy Nanw ddim yn neidr wenwynig."

"Ych! Mae hi'n llithrig!" meddai Catrin.

"Dydy hi ddim yn llithrig. Mae hi'n sych ac yn oer. Edrycha, teimla hi!" Daliodd Gwion Nanw i fyny at Catrin. Doedd hi ddim yn rhy hapus.

Parhad ar dudalen 36

Pryfed sy'n lladd

Mae sgorpion yn gallu lladd trwy bigo gyda'i gynffon.

Mae'r sgorpion yn cuddio o dan gerrig. Mae'n cydio yn ei **ysglyfaeth** gyda'i **binsiyrnau** (*pincers*) cryf.

Mae'n chwistrellu **gwenwyn** wrth bigo. Yna mae'n gwasgu'r ysglyfaeth tan iddi farw.

Ffeithiau!

Mae rhai mathau o sgorpionau yn gallu tyfu hyd at 25 centimetr. Maen nhw'n hela nadroedd, adar a madfallod.

Mae corff tebyg i frigyn gan y mantis gweddïol (*praying mantis*). Mae'n defnyddio **cuddliw** i guddio.

Mae'r mantis yn cydio yn ei ysglyfaeth gyda'i goesau. Mae bachau ar ei goesau sy'n ei helpu i ddal ei ysglyfaeth yn dynn.

Yna mae'r mantis yn cnoi pen ei ysglyfaeth i ffwrdd!

Mae neidr gantroed yn gallu symud yn gyflym.

Mae crafangau ar ei phen sy'n chwistrellu gwenwyn i'w hysglyfaeth.

Mae neidr gantroed enfawr yn gallu tyfu hyd at 25 centimetr.

Malwod môr sy'n lladd ydy malwod côn.

Mae malwod côn yn taro pysgod gyda gwenwyn.

Ysglyfaethwyr y môr

Mae'n rhyfel yn y môr!

Wrth ymosod mae **ysglyfaethwyr** y môr yn defnyddio:

- sioc
- **taflegrau** (*missiles*)
- **cuddliw**
- cemegion
- ffrwydradau **sonig**.

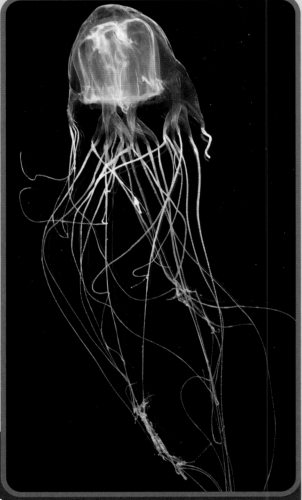

Mae gan y slefren fôr bocs (*box jellyfish*), neu'r 'wenynen fôr' (*sea wasp*), 5000 o gelloedd pigo ar bob **tentacl**. Mae'r slefren fôr yn defnyddio'r celloedd pigo fel dartiau i saethu gwenwyn at ei hysglyfaeth.

Mae'r dolffin yn defnyddio ffrwydradau **sonig** i ddal ei ysglyfaeth. Mae'n gwneud sŵn clicio a bangio sydd yn drysu pysgod.

Mae'r ddraig fôr (*lion fish*) yn dal ei hysglyfaeth gyda'i hesgyll (*fins*) mawr. Mae'n llyncu'r ysglyfaeth yn gyfan. Mae'n amddiffyn ei hun gyda phigau sy'n chwistrellu gwenwyn.

Morfil danheddog (*Killer whale*)

Mae'r morfil danheddog yn hela mewn **pac**.

Maen nhw'n nofio o amgylch eu **hysglyfaeth** ac yn ei dal.

Maen nhw'n anfon signalau **sonig** i ddod o hyd i'w hysglyfaeth o dan y dŵr. Mae'r signalau'n bownsio oddi ar yr ysglyfaeth ac mae'r morfilod danheddog yn ei 'gweld' drwy sain.

Mae'r morfil danheddog yn gallu nofio i fyny at ewyn y don i ddal morlo a morlew.

Mae'n cymryd blynyddoedd i forfil danheddog ddysgu'r sgìl hwn.

Mae hefyd yn gallu torri trwy iâ i daro'r ysglyfaeth i'r dŵr.

Siarc mawr gwyn

Mae'r siarc mawr gwyn yn **ysglyfaethwr** enwog.

trwyn pigfain

golwg craff

3000 o ddannedd miniog

Mae siarc mawr gwyn yn gallu nofio 25 mya. Mae'n hela drwy edrych ac arogli. Mae'n aml yn ymosod oddi isod.

Mae'r siarc mawr gwyn yn bwyta adar y môr, morloi, morlewod a physgod. Mae hyd yn oed yn bwyta morfilod bach a siarcod eraill. Mae'n ymosod ar tua phum person mewn blwyddyn.

corff llyfn

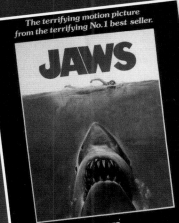

Ffaith!

Roedd y ffilm *Jaws* (1975) yn sôn am siarc mawr gwyn oedd yn bwyta pobl.

Yr octopws

Mae'r octopws yn bwyta pysgod, crancod, crwbanod môr ... ac octopysau eraill!

Mae'r octopws yn cydio yn ei ysglyfaeth gan ddefnyddio'r cannoedd o fannau sugno (*suckers*) sydd ar ei **dentaclau**.

Mae'n gallu drysu **ysglyfaeth** drwy wneud cwmwl o inc du.

Mae'r octopws yn defnyddio ei big miniog i gnoi a lladd ei ysglyfaeth. Mae'n tynnu'r ysglyfaeth yn ôl i'w gartref i fwynhau pryd o fwyd.

Octopws mwya'r byd ydy octopws enfawr y Môr Tawel. Mae'n gallu pwyso dros 70 cilogram ac mae lled ei freichiau yn 9 metr.

Ffeithiau!

Mae ganddo waed glas.

Mae ganddo dair calon.

Mae'n gallu newid ei siâp a'i liw i guddio.

Neidr yn yr ysgol
(Rhan tri)

Roedd Nanw yn cael amser braf yn crwydro.

"Beth mae'n fwyta?" gofynnodd rhywun.

"Llygod marw," atebodd Gwion. "Rydyn ni'n eu cadw yn y rhewgell."

Dywedodd pawb "Ych-a-fi!"

"Mae'n dianc!" gwaeddodd Catrin.

"Mae'n iawn. Mae hi wedi mynd i'r cwpwrdd ymarfer corff!" meddai Gwion. "Bydd hi wrth ei bodd yn fan'na. Digon o bethau i ddringo drostyn nhw."

"Anifail anwes rhyfedd!" meddai Tomos. "Ond dwi wedi clywed bod corryn gan Robyn Morgan yn 5D."

"Wir?" meddai Gwion. "Tarantwla yw e?" Aeth i weld.

Corryn cartref mawr mewn bocs matsys oedd e! Ond pan ddaeth Gwion yn ôl, roedd Nanw wedi diflannu.

Parhad ar y dudalen nesaf

Roedd hi'n amser Gwasanaeth. Yn sydyn, dechreuodd pawb weiddi. Rhedodd pawb at y drws.

Roedd Nanw yn llithro ar draws y llwyfan. Yna diflannodd drwy ffenestr agored.

Daeth Gwion a Dylan o hyd iddi amser cinio.

"Diolch byth!" meddai Dylan. "Mae popeth yn iawn!"

"Dwi ddim yn siŵr am hynny!" meddai Gwion. "Edrych arni!" Pwyntiodd at stumog Nanw. Roedd wedi chwyddo.

"O na! Beth mae hi wedi ei fwyta?" gofynnodd Dylan. "Efallai ei bod wedi bwyta cwningen rhywun. Mae'n edrych yn anferth!"

Daeth Mrs James i'r golwg. Roedd hi'n gweithio yn y gegin. "Mae'r neidr yna'n arwr!" gwenodd.

"Arwr? Mae hi wedi bwyta anifail anwes rhywun!" meddai Dylan.

"Nac ydy!" atebodd Mrs James. "Mae hi wedi bwyta'r llygoden fawr oedd o gwmpas y biniau. A gwell i ti fynd yn ôl i mewn. Mae hi newydd ennill Anifail Anwes Mwyaf Poblogaidd!"

Adar ysglyfaethus

Mae adar ysglyfaethus yn hela o'r awyr.

Maen nhw'n defnyddio'u golwg craff i ddod o hyd i ysglyfaeth.

Mae rhai adar ysglyfaethus yn gallu gweld ysglyfaeth 100 metr i ffwrdd. Maen nhw'n plymio i lawr ac yn dal yr ysglyfaeth gyda'u **crafangau**.

Ffaith!

Mae hebog yn gallu plymio 180 mya.

Condor yr Andes ydy un o'r adar ysglyfaethus mwyaf. Mae ei adenydd yn 3 metr o led. Mae ganddo big miniog, crwm a chrafangau cryf. Mae'n hela am beth sydd ar ôl o gorff ysglyfaeth marw fel buwch, dafad a morlo.

Yr eryr

Yr eryr sydd gyda'r llygaid gorau. Mae'n gallu edrych ymlaen ac i'r ochr ar yr un pryd.

Mae'r eryr yn gallu gweld cwningen yn symud o 3 chilometr i ffwrdd.

Mae'r eryr yn hedfan yn gryf.
Mae'n gallu cario dafad neu garw.

Mae ewinedd yr eryr cribog (*harpy eagle*) yr un maint â rhai'r arth frown.

Maen nhw'n ymosod gyda dwywaith pŵer bwled o reiffl.

Cwis

1 Pa ysglyfaethwr sydd gyda'r geg gryfaf?

2 Pa gathod mawr sy'n hela mewn grwpiau?

3 Beth ydy hela mewn pac?

4 Sut mae peithon yn stopio ei ysglyfaeth rhag symud?

5 Enwa ddwy ffordd y mae corryn yn stopio ei ysglyfaeth rhag symud.

6 Beth yw enw'r pryfyn ysglyfaethus sy'n cnoi pen ei ysglyfaeth i ffwrdd?

7 Sut mae'r morfil danheddog yn dod o hyd i'w ysglyfaeth?

8 Faint o ddannedd sydd gan siarc mawr gwyn?

9 Sut mae octopws yn drysu ei ysglyfaeth?

10 Pa ysglyfaethwr sydd gyda'r llygaid gorau?

Geirfa

crafangau   Ewinedd aderyn ysglyfaethus.

cuddliw   Cuddio trwy edrych yn debyg i'r cefndir.

pac   Grŵp o anifeiliaid sy'n hela, fel bleiddiaid neu hienas.

pantiau   Tyllau ar bob ochr i ben neidr, sy'n gallu synhwyro gwres.

pinsiyrnau   (*pincers*) Breichiau neu goesau sy'n cael eu defnyddio i afael.

sonig   Yn perthyn i donnau sain.

taflegrau   (*missiles*) Pethau sy'n cael eu taflu neu eu saethu at ysglyfaeth.

tentaclau   Rhannau o greaduriaid môr sydd fel breichiau neu goesau.

ysglyfaeth   Anifail sy'n cael ei hela ar gyfer bwyd.

ysglyfaethwr   Anifail sy'n bwyta anifeiliaid eraill.

Adnoddau a gwybodaeth

Llyfrau

Cadno
Jinny Johnson
Cyhoeddwr: Gwasg Gomer (ISBN: 1859029302)

Teigr
Jinny Johnson
Cyhoeddwr: Gwasg Gomer (ISBN: 1859029310)

Anifeiliaid Gwaed Oer
Addasiad Geraint Morgan
Cyhoeddwr: Dref Wen (ISBN: 0000670138)

Y Barcud Coch
Roger Lovegrove
Cyhoeddwr: Cynllun Amddiffyn y Barcud, Llandysul
(ISBN: 1859022472)
Llyfr llawn lluniau o un o adar ysglyfaethus Cymru.

Gwefannau

www.nationalgeographic.com/animals
Ffotograffau, fideos a ffeithiau gwych am bob math o anifeiliaid gan gynnwys ysglyfaethwyr.

www.predatorconservation.com
Gwefan y *Predator Conservation Trust*, yn rhoi llawer o wybodaeth am ysglyfaethwyr dros y byd.

www.bbc.co.uk/nature/wildfacts/factfiles
Gwefan y BBC, yn llawn gwybodaeth a ffotograffau.

DVD

Predators of the Animal World (1999)
(Rhif cat. ASIN B00000JGJR)

Predators 2: Survival of the Fittest (2000)
(Rhif cat. ASIN B00004UEEV)

Atebion

1 Yr hiena brith

2 Llewod

3 Ysglyfaethwyr sy'n gweithio gyda'i gilydd i ddal ysglyfaeth, fel bleiddiaid a hienas

4 Mae'n troi o gwmpas yr ysglyfaeth ac yn ei thagu

5 Ei chwistrellu gyda gwenwyn neu ei lapio mewn sidan corryn

6 Y mantis gweddïol

7 Mae'n anfon signalau sonig

8 3000

9 Mae'n gwneud cwmwl o inc

10 Yr eryr

Mynegai